MEIN BASTELBOGEN-BUCH

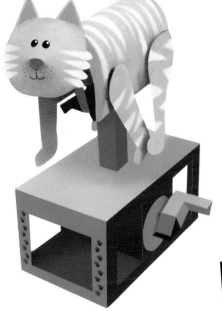

TESSLOFF

© 2008 TESSLOFF VERLAG, Burgschmietstraße 2–4, 90419 Nürnberg

Bastelvorlagen: Rob Ives
Text: Tim Cook
Gestaltung: Elaine Wilkinson
Übersetzung: Maria Zettner

ISBN 978-3-7886-3242-7
www.tessloff.com

© 2008 Flying Pigs Ltd.
BK. A/05, 19F. Kam Man Fung Ind. Bldg.
6 Hong Man Street
Hong Kong

Inhalt

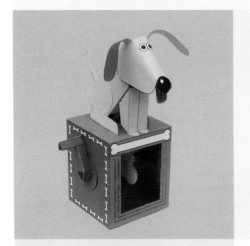

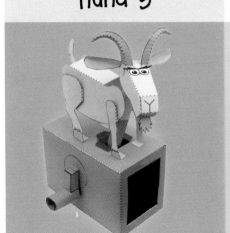

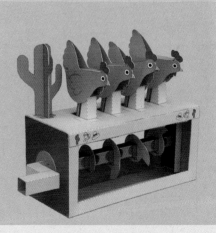

Wolltest du schon immer mal ein eigenes Känguru haben? Nichts leichter als das!

Mit diesem Buch kannst du dir einen Gorilla, eine Ziege, einen Hund, eine Katze, Hühner und ein Känguru basteln. Tiere aus Papier geben tolle Gefährten ab, und außerdem haben sie ihren lebenden Gegenstücken einiges voraus!

Was du dazu brauchst:

Für dein eigenes Papier-Tier brauchst du nichts weiter als einen guten, schnell trocknenden **Bastelkleber** und einen Spachtel.

Und so geht's los:

Die einzelnen Teile sind schon vorgestanzt. Löse die Teile des Tieres, das du basteln möchtest, vorsichtig heraus. Damit dein neuer Freund später auch gut funktioniert, musst du die Seitenteile ein paarmal sanft hin- und herbiegen und dann sauber falten.

Eine gepunktete Linie bedeutet, dass du eine „Tal-Falte" machen musst, bei der beide Seiten nach oben zeigen, wie abgebildet.

Gepunktete Linien sind Tal-Falten.

Und dann?

Folge dann Schritt für Schritt der Anleitung für das Tier, das du basteln möchtest. Wichtig ist, dass Flächen, die gleich benannt sind, aufeinanderliegen (z.B. A1 auf A1, A2 auf A2 usw.). Halte die Teile aneinander, bevor du sie fixierst (festklebst) und prüfe, ob sie mit den Abbildungen übereinstimmen.

Die grauen Flächen auf den Vorderseiten zeigen dir, wo du den Kleber auftragen musst. Gehört der Leim aber auf die Rückseite eines Teiles, kannst du dich nach den aufgedruckten Zahlen richten. Achte unbedingt darauf, dass du die grauen Flächen manchmal durch Öffnungen fädeln musst, bevor du sie festklebst.

Hund

Anders als bei einem echten Hund …

- muss man einen Papier-Hund nicht füttern
- muss man mit einem Papier-Hund nicht jeden Tag Gassi gehen
- muss ein Papier-Hund nicht gebürstet werden
- sabbert ein Papier-Hund nicht auf den Teppich

So bastelst du dir deinen eigenen Hund:

Körperaußenseite

Körperinnenseite

Kopfinnenseite

Kopfaußenseite

1 Falte und klebe zuerst die Innenseite (A1). Beachte dabei die Tal-Falten. Klebe dann das Äußere an (A2, A3). Klappe jetzt die Hinterbeine hoch und fixiere sie seitlich am Körper (A4, A5). Klebe nun den Schwanz an (A6, A7).

2 Klebe die Zunge auf die Innenseite des Kopfes (A8, A9). Jetzt kannst du den Kopf am Körper befestigen (A10).

3 Als Nächstes klebst du die beiden Teile der Box zusammen (B1, B2). Nun fehlen nur noch die Seitenlaschen (B3, B4) und die Seitenverstärkungen (B5 bis B8).

Kurbelschaft

Griff

4 Klebe die beiden Knochen zusammen (C1) und achte dabei darauf, dass die dreieckigen Öffnungen aufeinanderliegen. Bastle dann Achse (C2), Griff (C3) und Kurbelschaft (C4).

5 Klebe die Teile der Schiebestange (C5, C6) zusammen und verbinde sie (C7).

unterer Teil der Schiebestange

oberer Teil der Schiebestange

6 Die Abbildung zeigt dir, wie du den Griff in die Kurbel kleben musst (C8, C9).

7 Schiebe jetzt den Knochen auf die Achse und klebe ihn fest (D1 bis D3). Stecke die Achse vorsichtig in die Löcher der Box und schiebe die roten Unterlegscheiben rechts und links erst einmal nur auf.

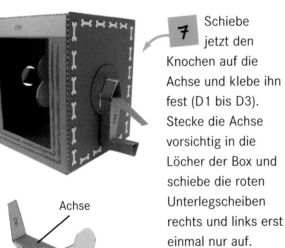

Achse

Fixiere dann den Kurbelgriff, wie abgebildet (D4 bis D6). Nun kannst du auch die Unterlegscheiben festkleben (D7).

8 Fädle das mit dem Namen bedruckte Ende der Schiebestange durch das Loch oben in der Box und klebe es fest (D8).

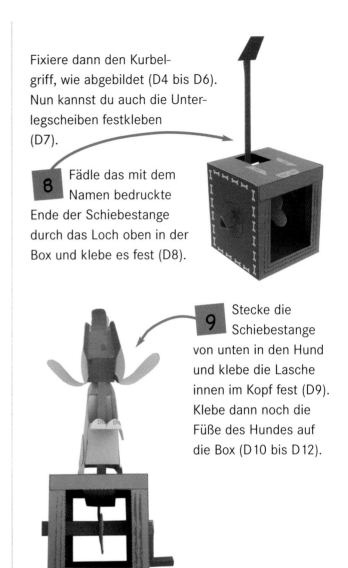

9 Stecke die Schiebestange von unten in den Hund und klebe die Lasche innen im Kopf fest (D9). Klebe dann noch die Füße des Hundes auf die Box (D10 bis D12).

Fertig! Wenn du jetzt an der Kurbel drehst, wird dein Hund freudig nicken!

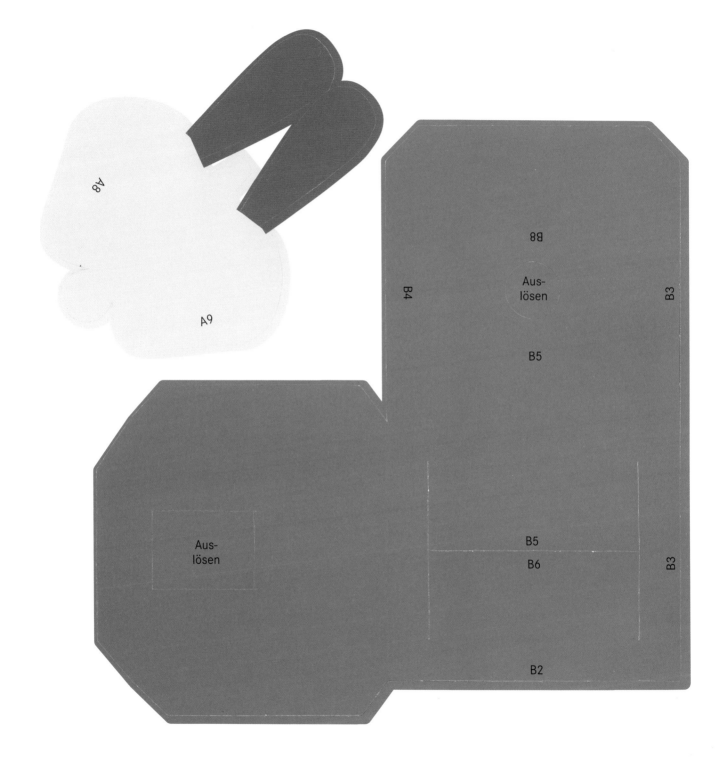

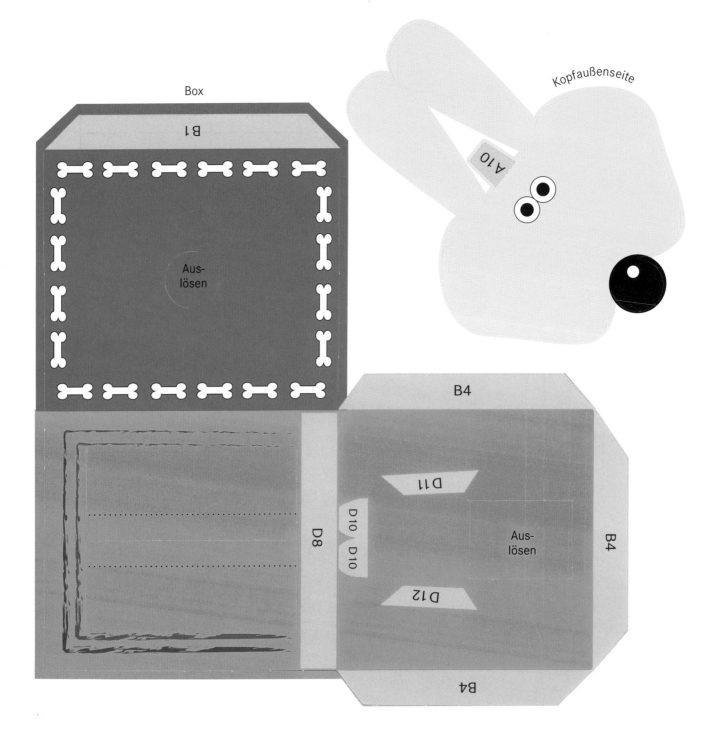

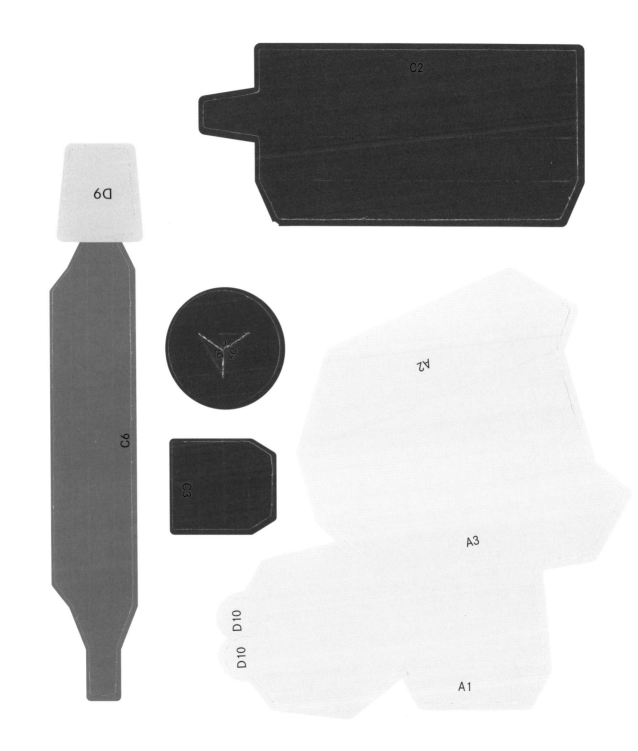

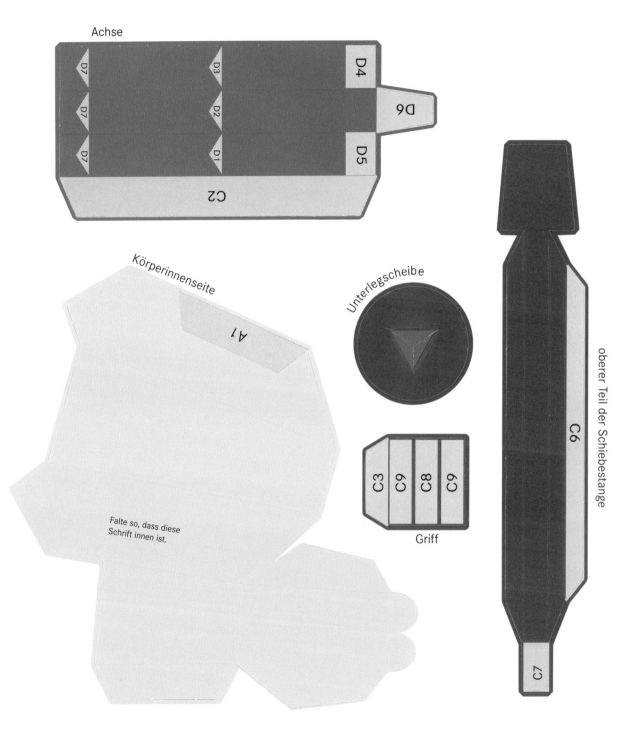

Achse

C2

D7 D7 D7

D3 D2 D1

D4

D6

D5

Körperinnenseite

A1

Falte so, dass diese
Schrift innen ist.

Unterlegscheibe

C3 C9 C8 C9

Griff

oberer Teil der Schiebestange

C6

C7

Knochen

Schwanz

A7 A6

Knochen

Aus-
lösen

B2

Aus-
lösen

B3

B3

B3

Box

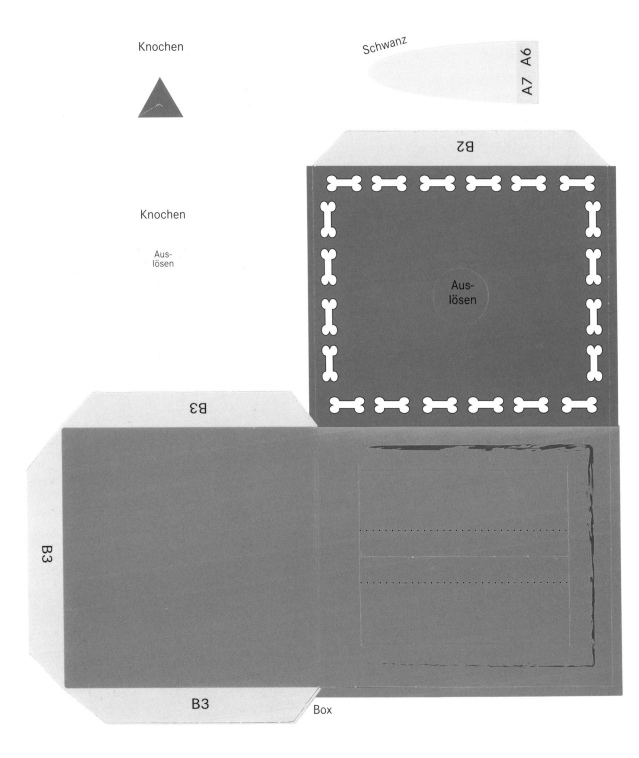

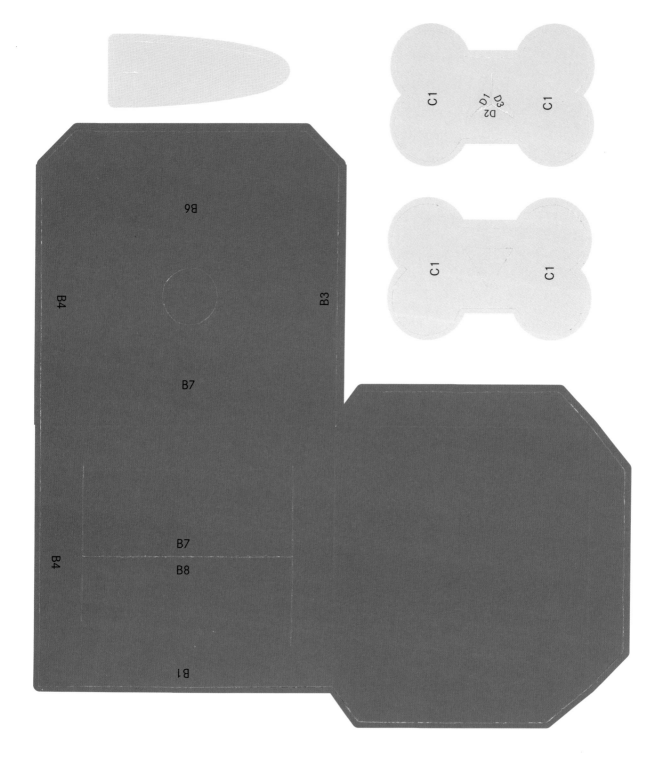

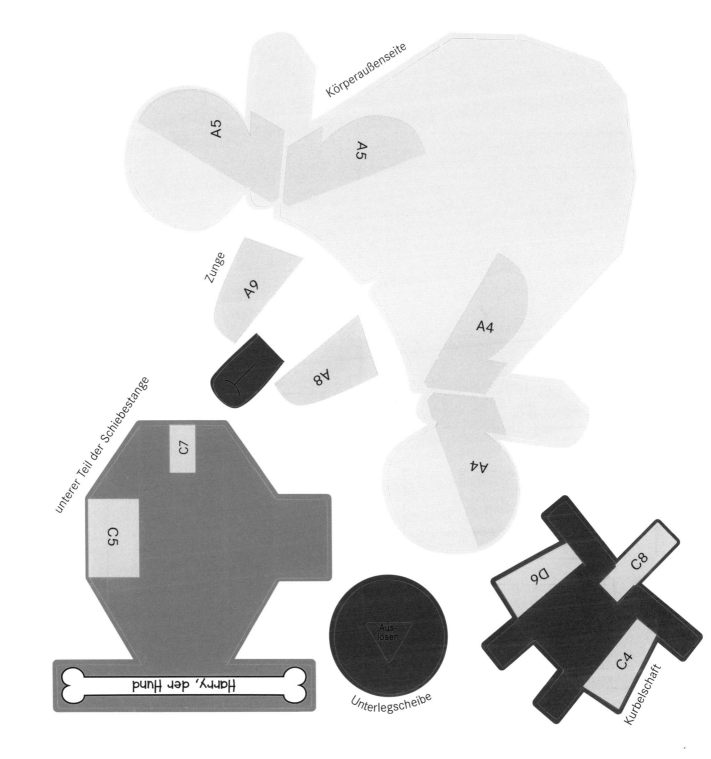

Känguru

Anders als ein echtes Känguru ...

- kann ein Papier-Känguru nicht bis zur Zimmerdecke springen
- schlägt ein Papier-Känguru nicht mit dem Schwanz auf den Boden
- versucht ein Papier-Känguru nicht, mit dir zu boxen
- frisst ein Papier-Känguru nicht euren Garten leer

So bastelst du dir dein eigenes Känguru:

Kurbelschaft   Griff

1 Baue die beiden Teile der Box (A1 bis A7) wie abgebildet zusammen und lass die Rückseite offen.

Gleitring

2 Bastle die vier Teile der Kurbel (B1 bis B8) und stülpe den Gleitring (B4) über das kleinste Kurbelteil. Die kleinen Flächen, die an die Kurbelscheiben geklebt werden (B5 bis B8), müssen über die *farbige* Kurbelscheibenseite durch das Loch gefädelt und dann fixiert werden. Klebe dann die Kurbelscheiben aneinander (B9, B10).

3 Stecke die Kurbel so in die Box, dass das braune Ende durch das braun umrandete Loch geht.

4 Baue nun den Kurbelschaft (C2) und seinen Innenteil (C3) und klebe die Teile ineinander (C4). Befestige nun die Unterlegscheibe auf der linken Seite der Box (C1). Stecke dann die rechte Unterlegscheibe auf und achte dabei auf die farbigen Markierungen. Jetzt kannst du den Kurbelgriff (C5 bis C7), die Rückseite der Box (C8 bis C10) und die Seitenverstärkungen (C11, C12) festkleben.

5 Klebe nun den Kopf zusammen (D1, D2) und die Augen an (D3, D4). Wenn du die Ohren leicht biegst, wirken sie echter. Bastle jetzt den Hals (D5) und klebe ihn in den Kopf (D6, D7).

6 Knicke die drei Körperverstärkungen und klebe sie an (E1 bis E3).

15

Beingelenk

7 Nun bastelst du das graue Beingelenk. Klebe es an und achte darauf, dass die roten Pfeile in die gleiche Richtung weisen (E4 bis E7).

8 Falte dann die Seiten des Körpers und fixiere sie (E8, E9).

Schiebestange A **Gleitrohr**
Schiebestange B
Schiebestange C

9 Jetzt kannst du die Schiebestangen und das Gleitrohr (F1 bis F4) bauen.
Schiebe die Schiebestange A so in das Gleitrohr, dass die beiden Rückenseiten aufeinanderliegen.

10 Fädle die Schiebestange durch das braune Loch hinter dem Beingelenk und klebe sie im Körper ein. Orientiere dich dabei an den gelben Flächen (G1). Dann klebst du zuerst die beiden Schwanzhälften zusammen (G2) und befestigst daran den Schwanzhalter (G3, G4). Fixiere nun den Schwanz am Körper (G5) und befestige ihn auf der Schiebestange (G11).

Schwanzhalter

Schwanz

Jetzt klebst du zuerst das Gleitrohr (G9) und dann die Schiebestange (G10) oben auf die Box. Lege die lange Lasche um den Gleitring und fixiere ihn auf der Schiebestange (G11).

11 Klebe den Kopf an (H1 bis H3). Nun befestigst du die Innenseiten der Beine (H4, H5). Achte darauf, dass sie nicht am Körper festkleben. Klebe die Außenseiten der Beine so an, dass der Leim nicht über die Markierungen hinausgeht (H6, H7). Jetzt ist das Vorderteil des Körpers dran. Der obere Abschluss muss genau auf die Seiten passen (H8, H9). Wenn du nun die Arme anklebst (H10, H11), bist du schon fast fertig!

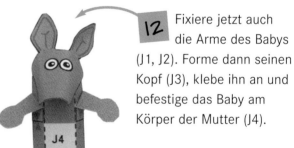

12 Fixiere jetzt auch die Arme des Babys (J1, J2). Forme dann seinen Kopf (J3), klebe ihn an und befestige das Baby am Körper der Mutter (J4).

J4

Das war's! Wenn du jetzt an der Kurbel drehst, wird dein Känguru springen!

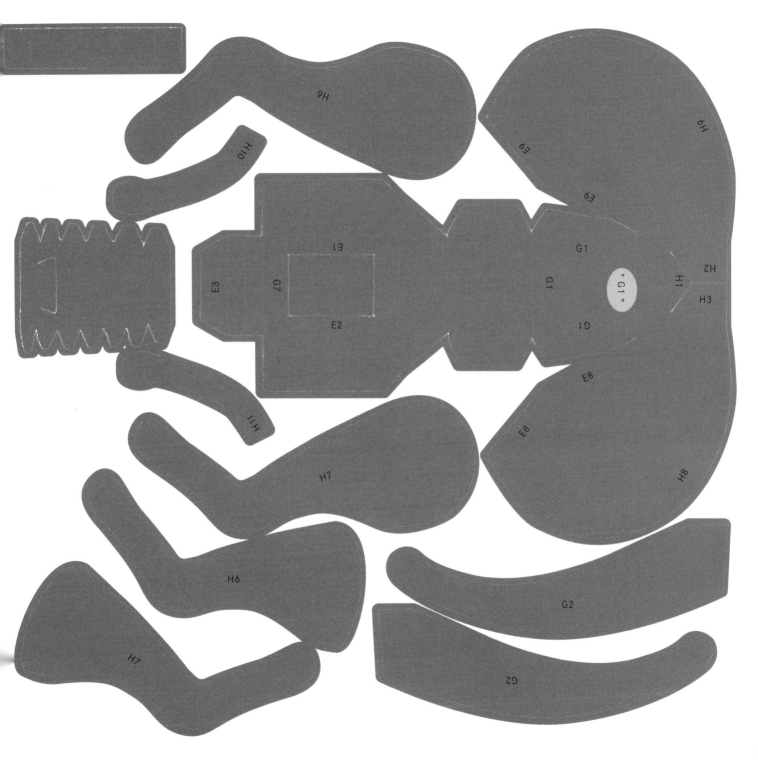

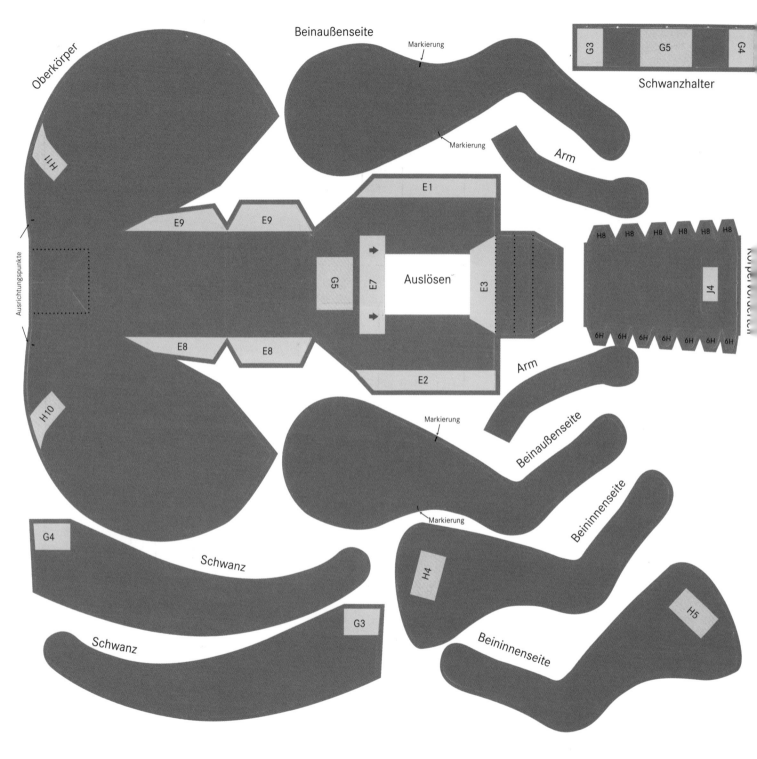

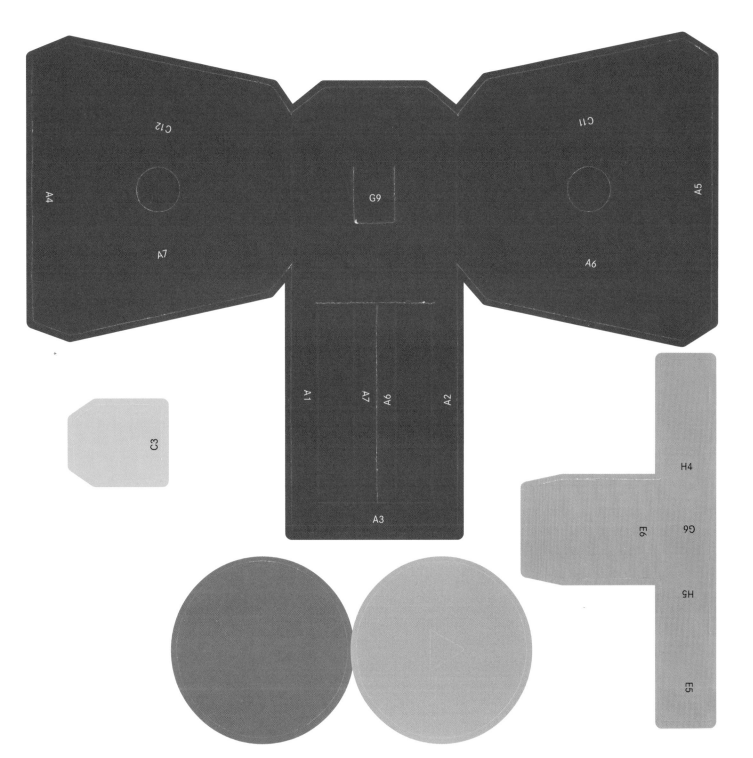

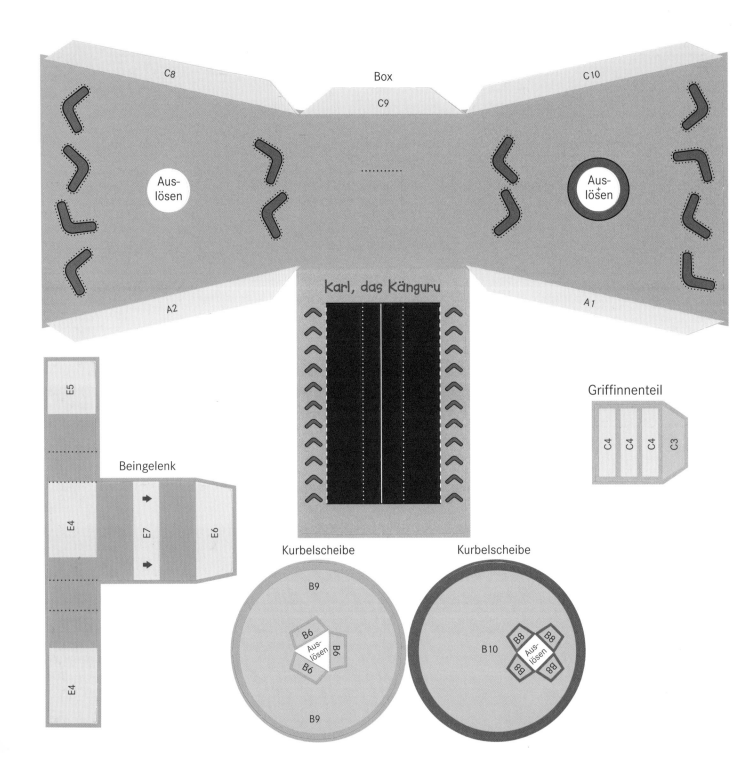

C8

Box

C9

C10

Aus-
lösen

Aus-
+
lösen

A2

A1

Karl, das Känguru

Griffinnenteil

C4 C4 C4 C3

E5

Beingelenk

E7

E6

E4

E4

Kurbelscheibe

Kurbelscheibe

B9

B6
Aus-
lösen
B6 B6
B6

B9

B10

B8 B8
Aus-
lösen
B8 B8

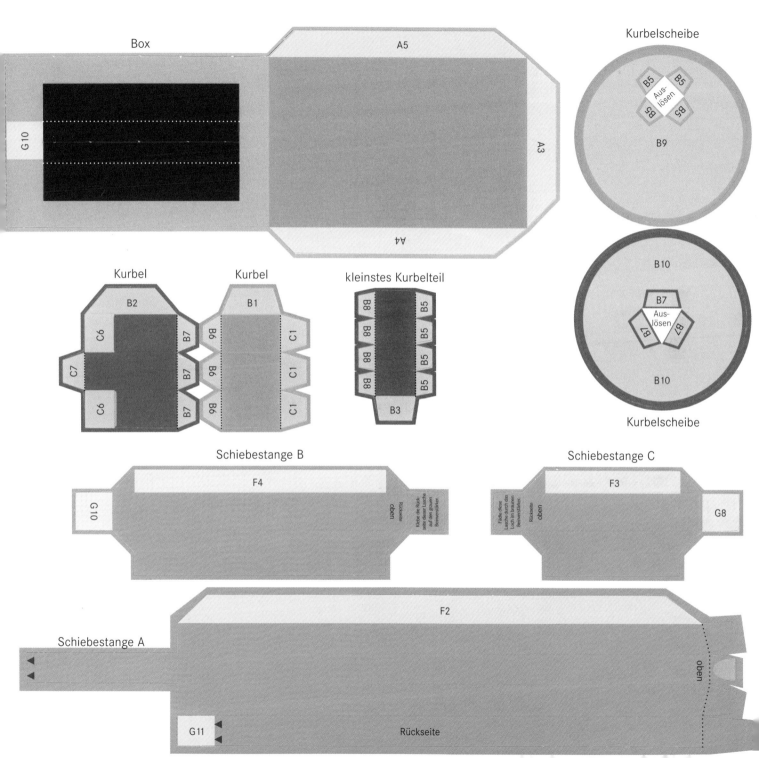

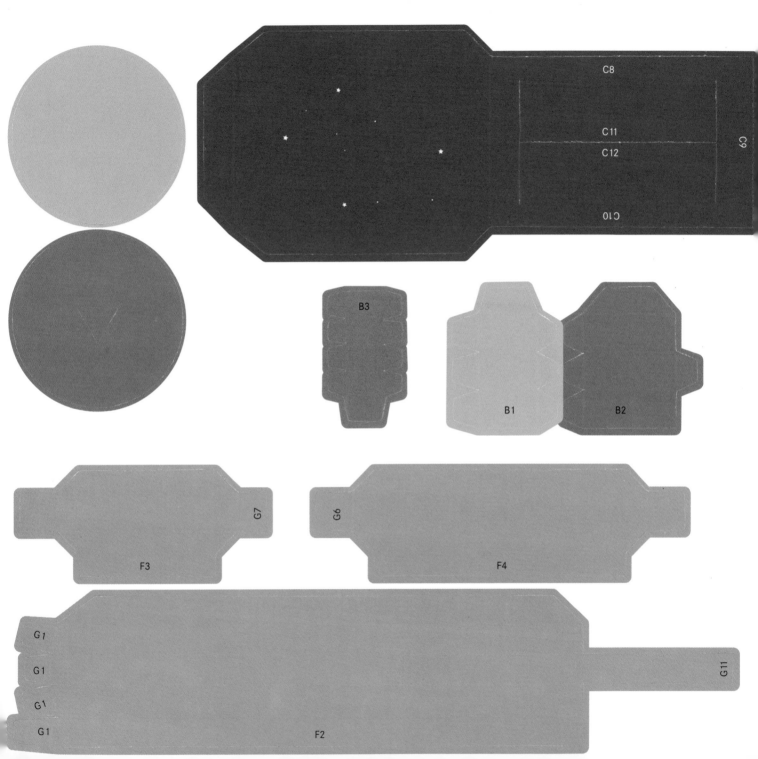

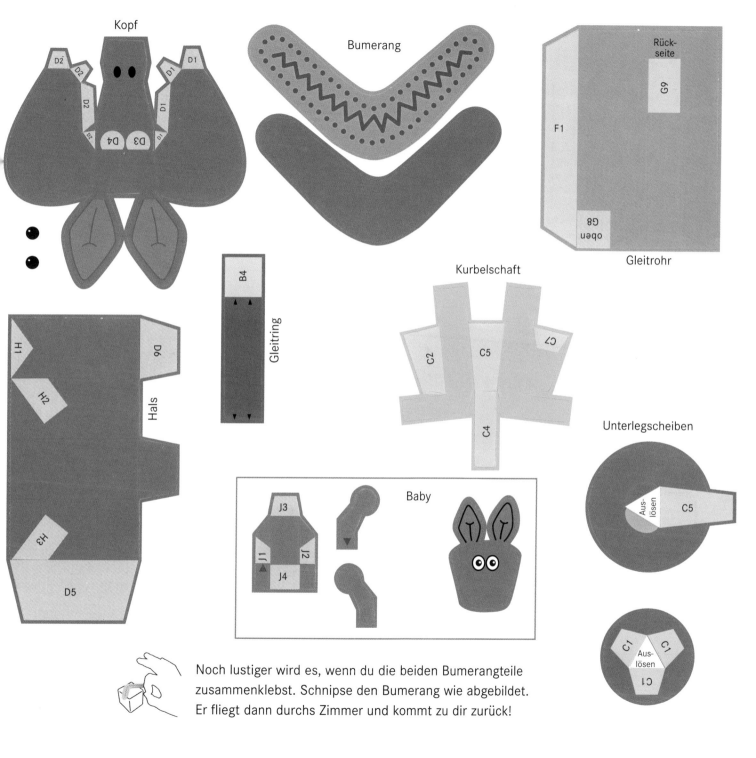

Kopf

D2 D2 D2 D1 D1 D1
D4 D3

Bumerang

Rück-seite
G9
F1
G8 oben

Gleitrohr

B4

Gleitring

Kurbelschaft

C2 C5 C7
C4

H1
H2
D6
Hals
H3
D5

Baby

J3
J1 J2
J4

Unterlegscheiben

Aus-lösen C5

C1 C1
Aus-lösen
C1

Noch lustiger wird es, wenn du die beiden Bumerangteile
zusammenklebst. Schnipse den Bumerang wie abgebildet.
Er fliegt dann durchs Zimmer und kommt zu dir zurück!

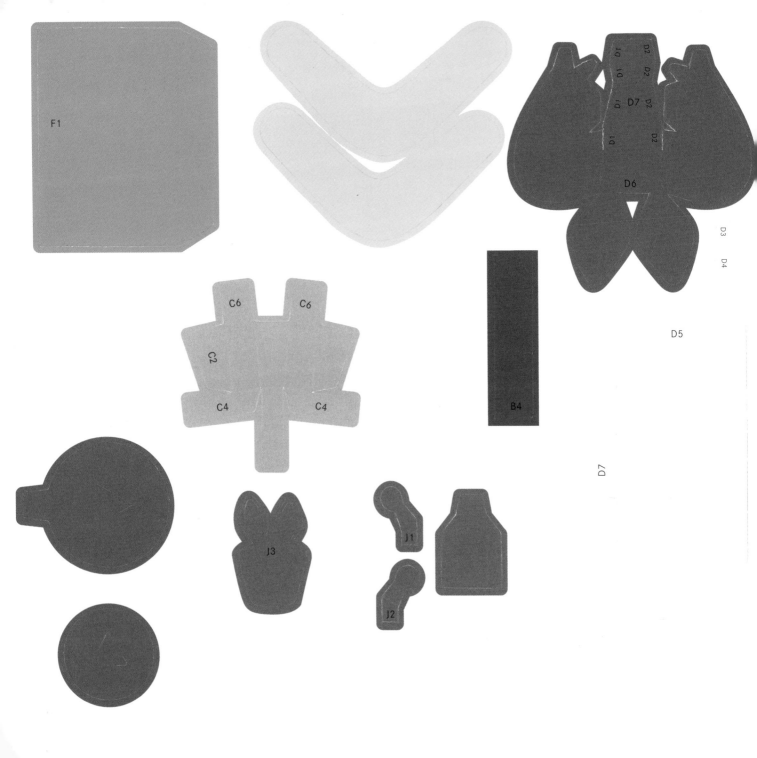

Katze

Anders als eine echte Katze ...

- jault eine Papier-Katze nachts nicht und gerät auch nicht in Kämpfe
- kratzt eine Papier-Katze nicht an Möbeln
- hinterlässt eine Papier-Katze keine Haare auf dem Sofa
- nimmt eine Papier-Katze nachts nicht das Bett in Beschlag

So bastelst du dir deine eigene Katze:

1 Zuerst klebst du die Oberseite der Box auf die Hauptbox (A6, A8). Dann knickst und befestigst du die Seitenverstärkungen (A1 bis A4). Baue die Box dann so, dass eine Seite offen bleibt (A5, A7) und klebe die Laschen an (A9 bis A14).

2 Bastle nun die drei Teile der Kurbel (B1 bis B3). Klebe das Mittelteil an (B4), forme den Gleitring (B5) und schiebe ihn über das kleinste Teil des Kurbelschaftes.

Kurbelmittelteil

Gleitring

3 Baue die drei Kurbelteile fertig

(B6 bis B8) und befestige sie wie abgebildet (B9, B10).

Schiebestange

4 Klebe nun zuerst die Schiebestange und dann das Gleitrohr zusammen (C1, C2).

Gleitrohr

5 Stecke das Gleitrohr so in die Box, dass sich die roten Halbkreise zusammenfügen und klebe es fest (C3).

unterer Ständer

oberer Ständer

6 Jetzt sind die Ständer dran (C4 bis C7).

7 Klebe den unteren Ständer oben auf das Gleitrohr und achte darauf, dass er parallel zur Box verläuft (C8 bis C11).

Schiebestange

oberer Ständer

8 Nun klebst du den oberen Ständer an die Schiebestange. Vergiss nicht, auch hier auf die Ausrichtung zu achten (C12 bis C15)! Bastle jetzt die vier Fußstützen (C16 bis C19) – eine davon ist unten abgebildet – und klebe die Laschen an (C20 bis C23).

9 Als Nächstes fixierst du die vier Fußstützen auf dem oberen Ständer (C24 bis C27).

10 Verbinde das rechte Vorder- mit dem rechten Hinterbein (C28). Stecke die Schiebestange in das Gleitrohr und klebe die Fußstützen (C30, C31) und die Fläche C29 auf den unteren Ständer. Montiere die Kurbel, indem du sie durch das Loch in der Box fädelst. Dann befestigst du die lange Lasche um den Gleitring (D1), klebst die Unterlegscheibe an (D2) und die Box zu (D3 bis D5). Fixiere jetzt die zweite Unterlegscheibe (D6) und klebe die Boxklappen an (D7 bis D12).

Griff

Kurbelschaft

11 Bastle nun die Griffteile (E1, E2). Klebe sie zusammen und befestige sie dann am Kurbelschaft (E3, E4).

12 Fixiere jetzt den Körper. Schiebe dazu zuerst die Flächen E7 bis E10 durch die vorgestanzten Löcher und befestige dann die Flächen E5 und E6 am Körper. Klebe jetzt die Beine so an, dass sie nach unten zeigen (E7 bis E10). Bastle den Kopf (E11) und klebe dann Kopf, Hals und Schwanz an (E11 bis E14).

Geschafft! Wenn du jetzt an der Kurbel drehst, wird deine Katze laufen!

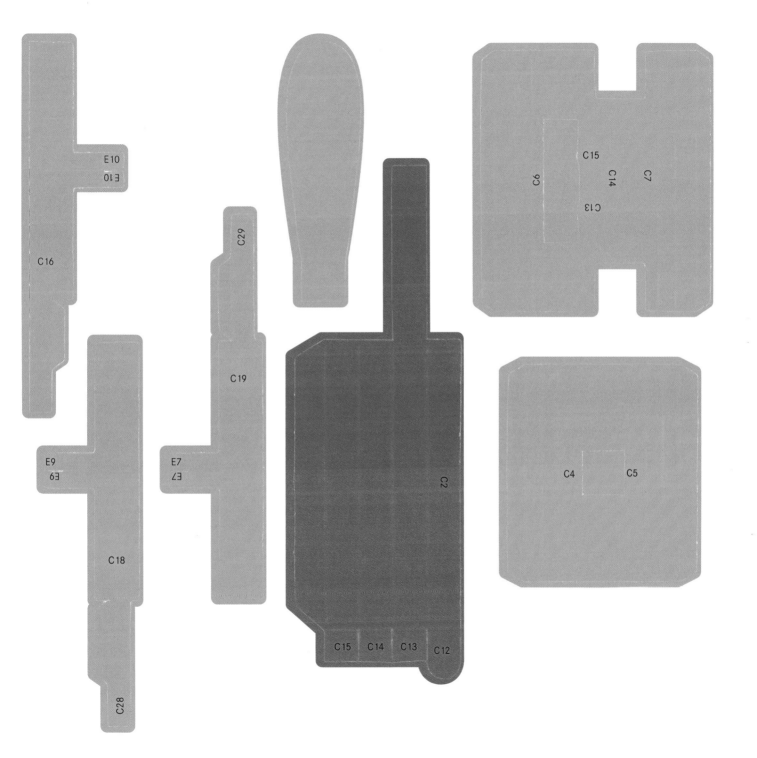

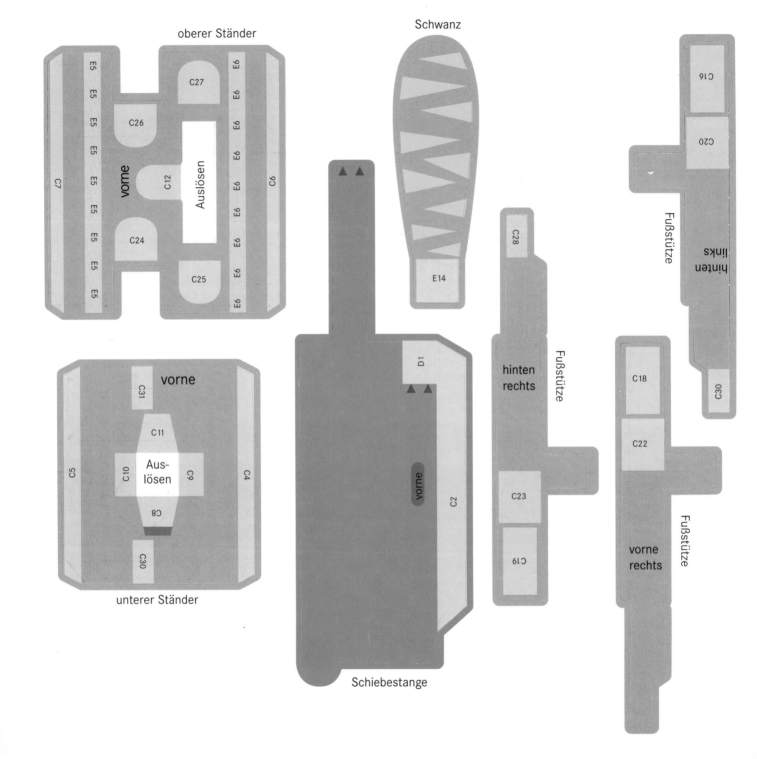

oberer Ständer

Schwanz

vorne

Auslösen

unterer Ständer

vorne

Aus-
lösen

Schiebestange

vorne

hinten
rechts

Fußstütze

Fußstütze
hinten
links

vorne
rechts

Fußstütze

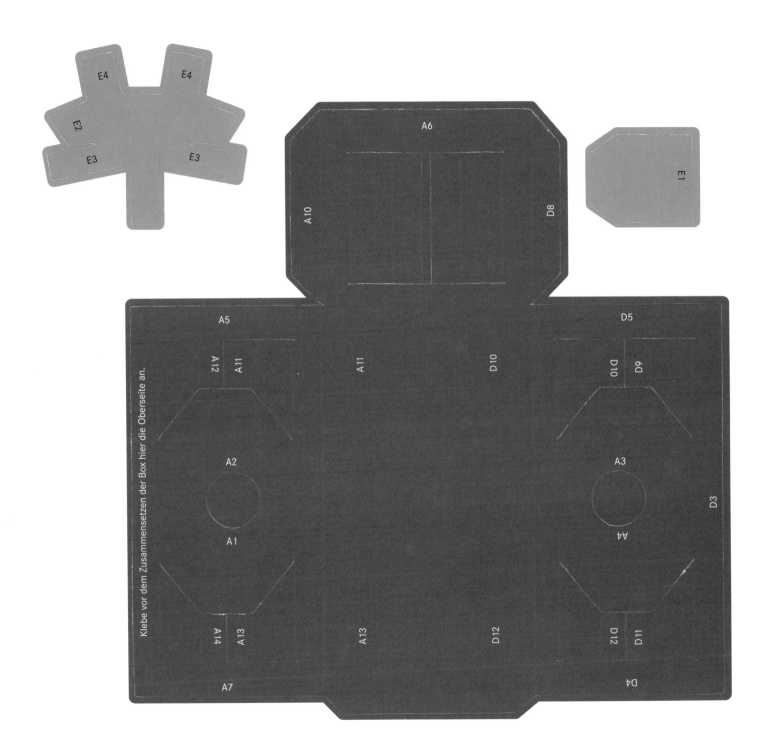

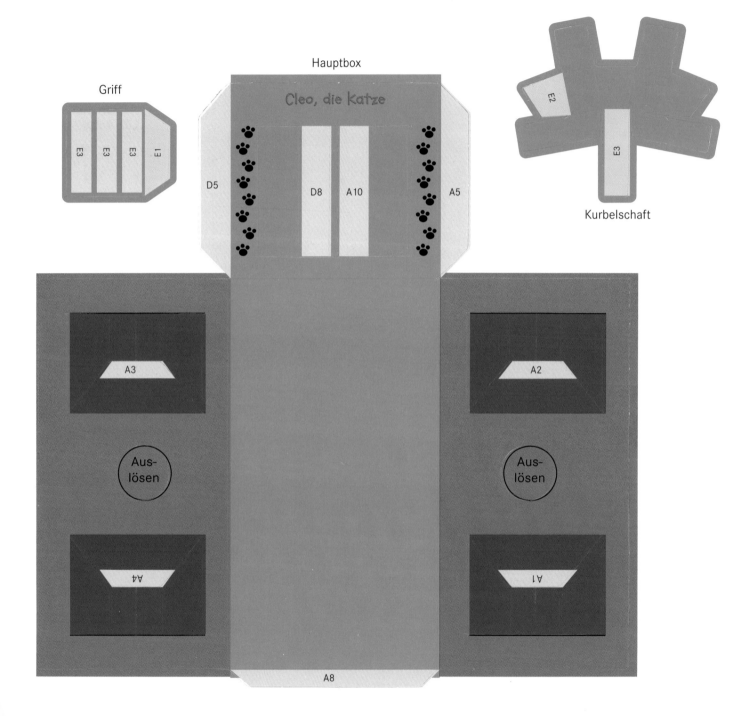

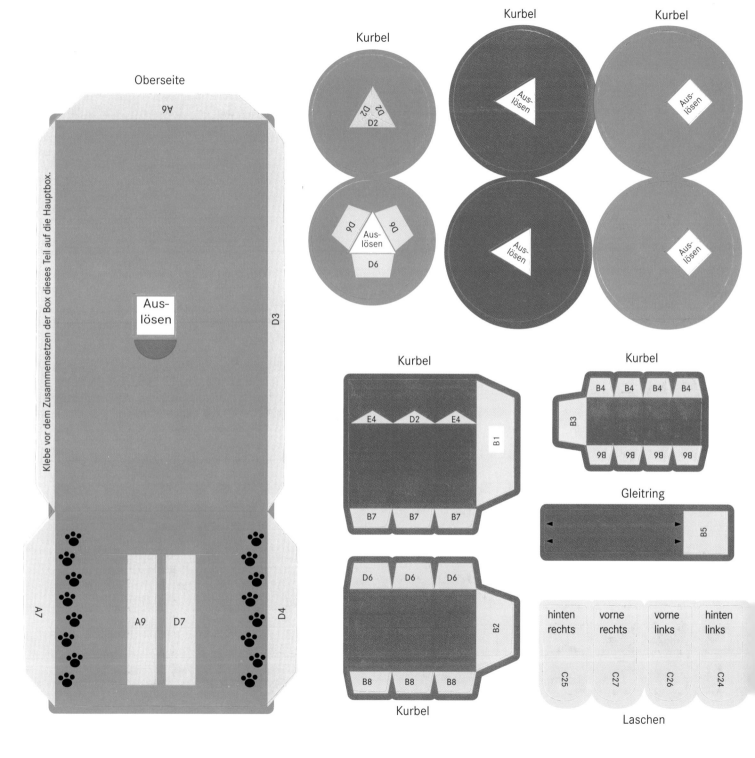

Oberseite

A6

Klebe vor dem Zusammensetzen der Box dieses Teil auf die Hauptbox.

Aus-lösen

D3

A7

A9

D7

D4

Kurbel

D2

D2

D2

D6

D6

Aus-lösen

D6

Kurbel

Aus-lösen

Aus-lösen

Kurbel

Aus-lösen

Aus-lösen

Kurbel

Kurbel

E4 D2 E4

B1

B7 B7 B7

Kurbel

B4 B4 B4 B4

B3

B6 B6 B6 B6

Gleitring

B5

D6 D6 D6

B2

B8 B8 B8

Kurbel

hinten rechts

vorne rechts

vorne links

hinten links

C25

C27

C26

C24

Laschen

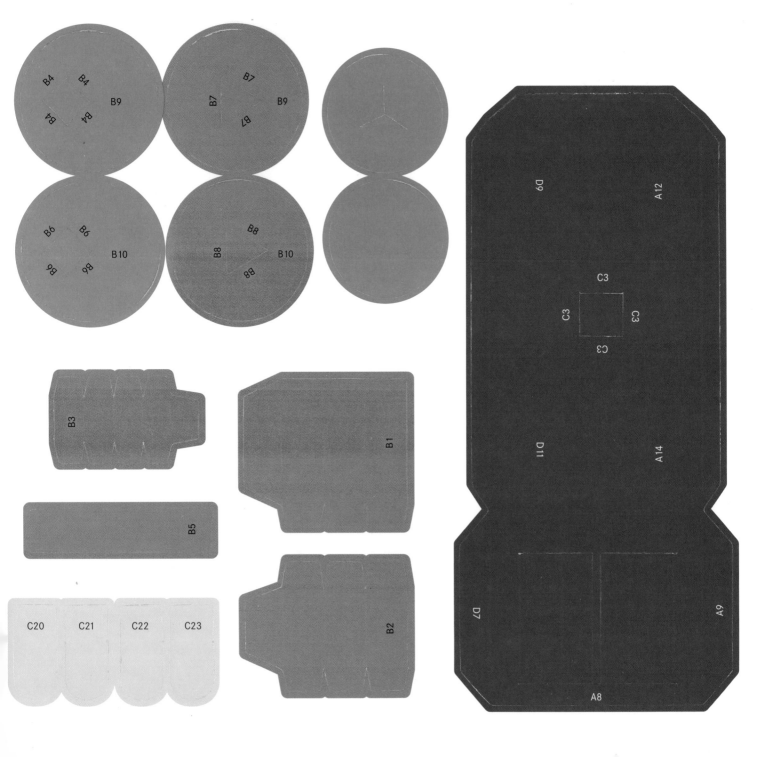

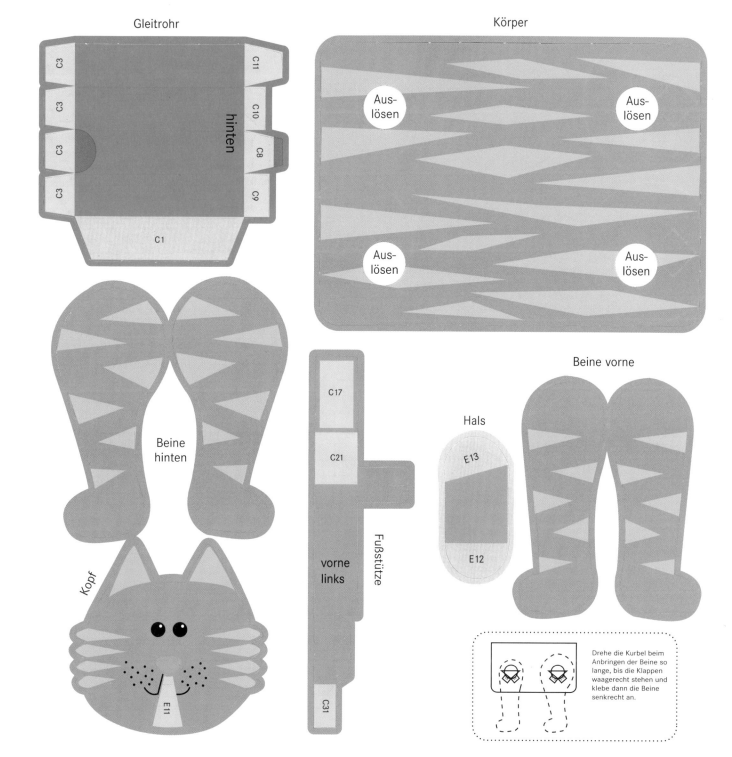

Gleitrohr

C3 C3 C3 C3
C11 C10 C8 C9

hinten

C1

Körper

Aus-lösen
Aus-lösen
Aus-lösen
Aus-lösen

Beine hinten

Kopf

E11

C17

C21

vorne links

Fußstütze

C31

Hals

E13

E12

Beine vorne

Drehe die Kurbel beim Anbringen der Beine so lange, bis die Klappen waagerecht stehen und klebe dann die Beine senkrecht an.

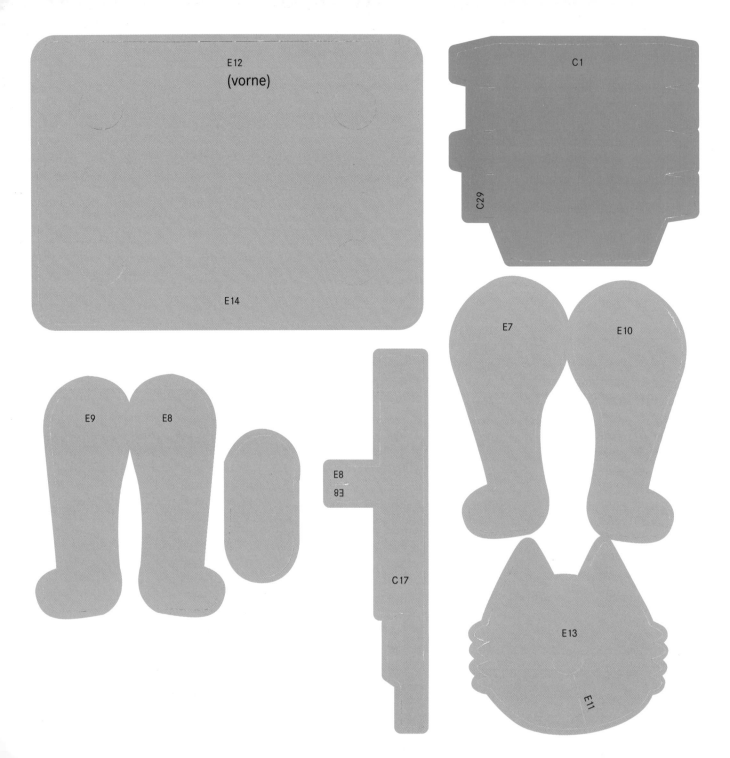

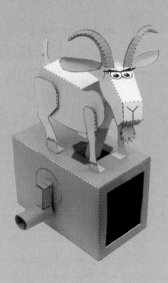

Ziege

4 Vorteile einer Papier-Ziege

Anders als eine echte Ziege ...

- gibt eine Papier-Ziege dir keinen Schubs, wenn du dich bückst
- frisst eine Papier-Ziege nicht dein Lieblings-T-Shirt heimlich auf
- will eine Papier-Ziege nicht zum Bergsteigen gehen
- braucht eine Papier-Ziege nicht jeden Tag einen Berg Heu zum Essen

So bastelst du dir deine eigene Ziege:

Halsröhre

Hals-Unter-legscheibe

1 Baue zuerst die untere Einlage. Schlage die erste Lasche um und klebe sie an (A1). Dann kannst du die beiden Seitenlaschen fixieren (A2, A3).

2 Drehe das Teil um und stecke es durch das Loch in der Boxunterseite. Die grauen Flächen zeigen dir, ob die Einlage richtig herum liegt (A4, A5).

3 Klebe den Verschluss an (A6, A7).

4 Bastle jetzt die Halsröhre (B1) und fixiere die Gegenplatte mithilfe der vier Pfeile auf der Röhre (B2). Klappe die Laschen um und klebe sie auf die grauen Flächen der Halsröhre (B3, B4). Klebe nun eine Hals-Unterlegscheibe an. Die Laschen müssen nach oben zur Gegenplatte zeigen (B5).

5 Stecke den Hals mit dem grünen Ende nach unten in die untere Einlage. Jetzt folgt die zweite Unterlegscheibe (B6). Lass zwischen den beiden Unterlegscheiben 1 bis 2 mm Abstand, damit der Hals drehbar bleibt.

6 Klebe den Kopf zusammen (C1 bis C4) und fixiere die Hörner auf den grauen Flächen (C5 bis C8). Klebe dann den Bart unter das Kinn (C9) und die Augen auf die Hörnerlaschen.

7 Jetzt kannst du den Körper zusammenkleben. Achte darauf, dass die hintere Lasche den Markierungen am Körper entsprechen muss (D1, D2). Füge die Schwanzhälften zusammen und befestige den Schwanz am Körper (D3, D4).

8 Klebe nun die obere Einlage in das Loch in der Boxoberseite (E1 bis E3). Baue die Box wie abgebildet und fixiere die inneren Laschen von hinten in der Box (E4 bis E10).

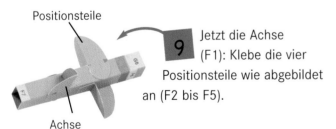

Positionsteile

Achse

9 Jetzt die Achse (F1): Klebe die vier Positionsteile wie abgebildet an (F2 bis F5).

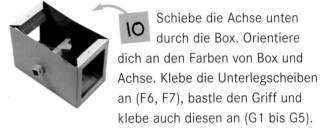

10 Schiebe die Achse unten durch die Box. Orientiere dich an den Farben von Box und Achse. Klebe die Unterlegscheiben an (F6, F7), bastle den Griff und klebe auch diesen an (G1 bis G5).

11 Füge die Box so zusammen, dass der Hals durch die obere Einlage passt (H1 bis H4). Klebe die Laschen innen fest (H5, H6) und drehe an der Kurbel: Jetzt müsste sich der Hals bewegen. Biege nun die Lasche oben am Hals um und klebe den Kopf darauf (J1).

12 Bastle die Hinterbeine und befestige sie am Körper (J2 bis J5). Fixiere jetzt die Füße auf der Box und mache das Gleiche nochmal mit den Vorderbeinen (J8 bis J13).

Fertig! Wenn du jetzt an der Kurbel drehst, schüttelt deine Ziege den Kopf!

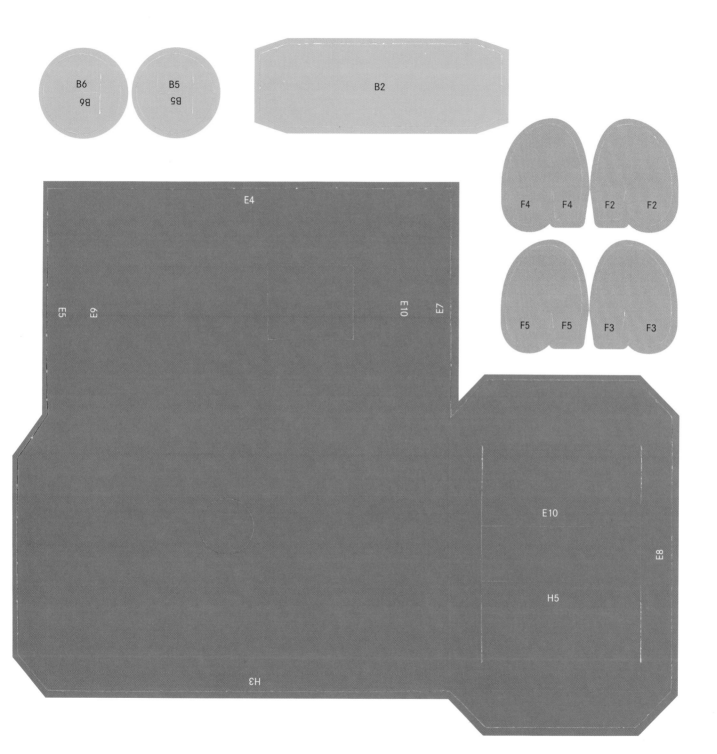

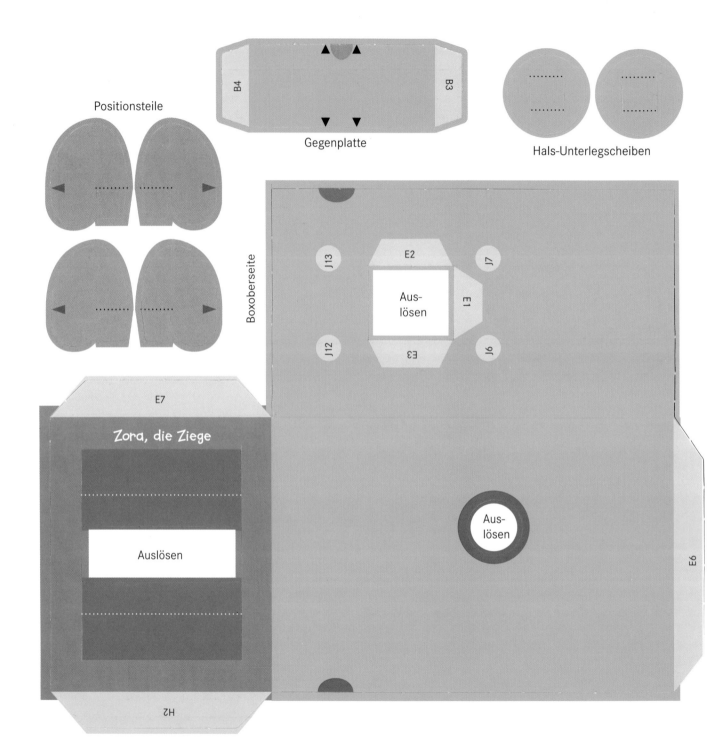

Positionsteile

Gegenplatte

Hals-Unterlegscheiben

B4

B3

Boxoberseite

J13 E2 J7

Aus-
lösen

E1

J12 E3 J6

E7

Zora, die Ziege

Auslösen

Aus-
lösen

E6

H2

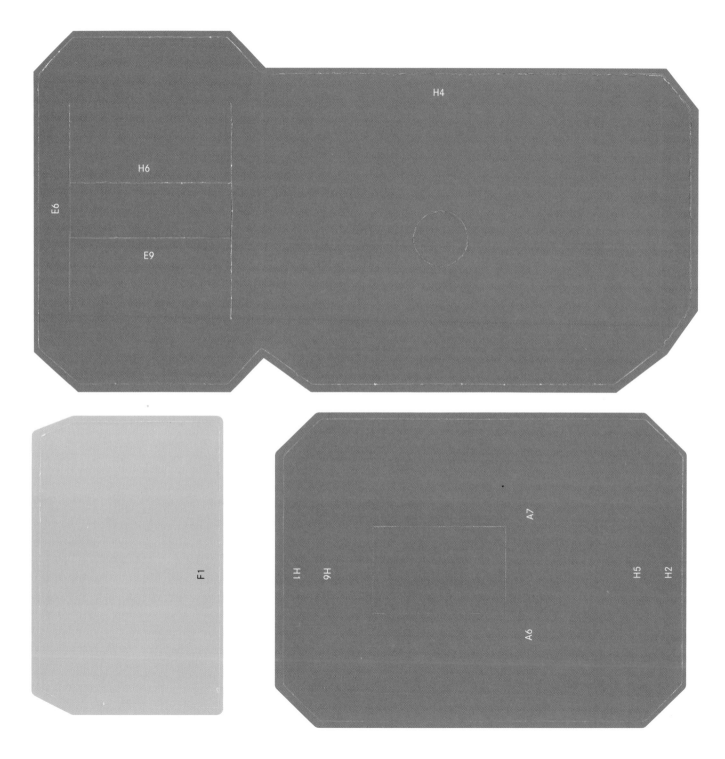

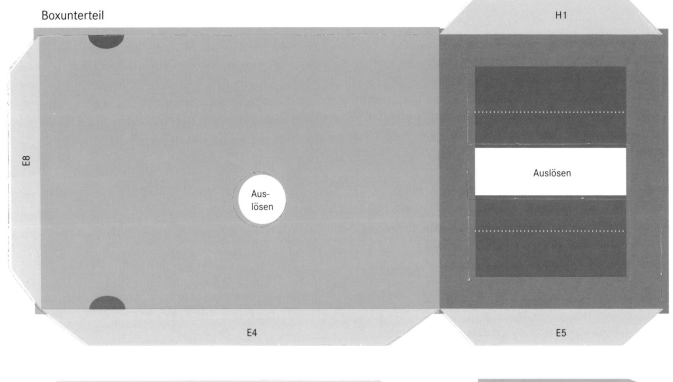

Boxunterteil

H1

E8

E4

E5

Aus-
lösen

Auslösen

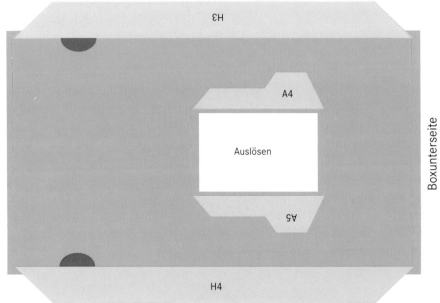

H3

A4

Auslösen

A5

H4

Boxunterseite

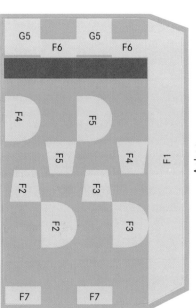

G5   G5

F6   F6

F4   F5

F5   F4

F2   F3

F2   F3

F7   F7

Achse

Achse

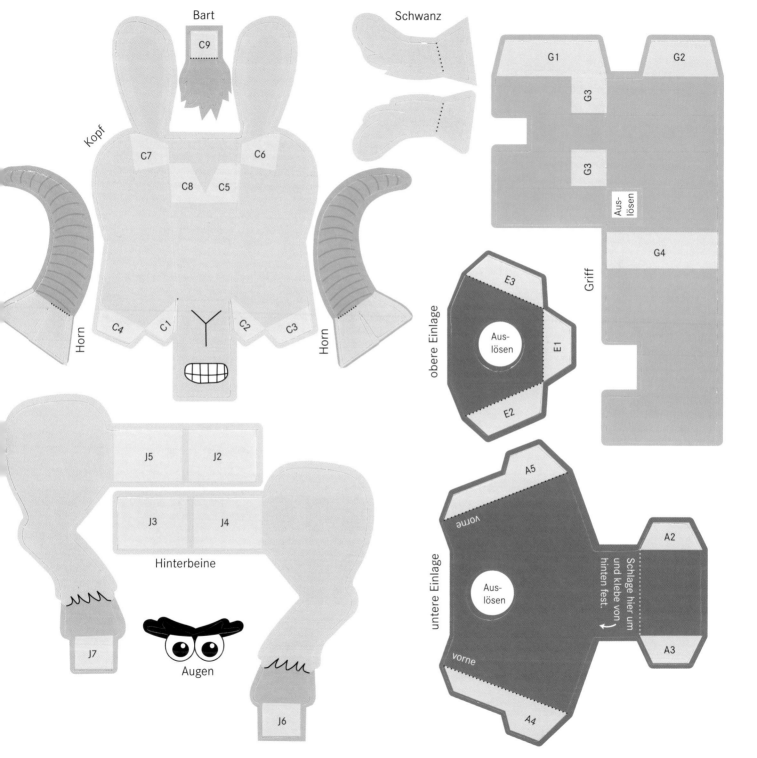

Bart

Schwanz

G1 G2

G3

G3

Aus-lösen

G4

Griff

Kopf

C9

C7 C6

C8 C5

Horn

C4 C1 C2 C3

Horn

obere Einlage

E3

Aus-lösen

E1

E2

J5 J2

J3 J4

Hinterbeine

J7

Augen

J6

untere Einlage

A5

vorne

A2

Aus-lösen

Schlage hier um und klebe von hinten fest.

A3

vorne

A4

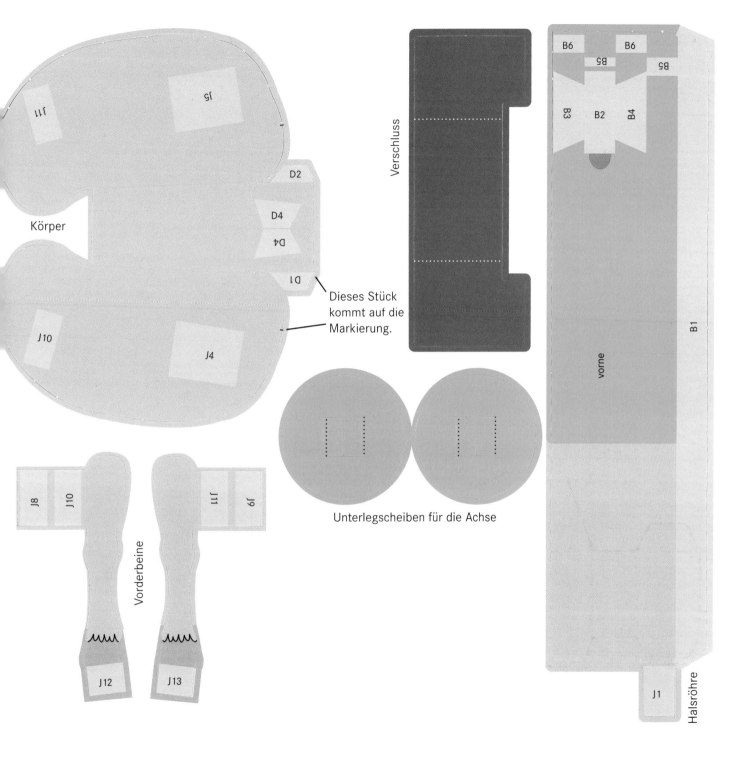

Körper

J11

J5

J10

J4

D2

D4

D4

D1

Dieses Stück kommt auf die Markierung.

Verschluss

Unterlegscheiben für die Achse

J8

J10

J11

J9

Vorderbeine

J12

J13

B6

B6

B5

B5

B3

B2

B4

B1

vorne

J1

Halsröhre

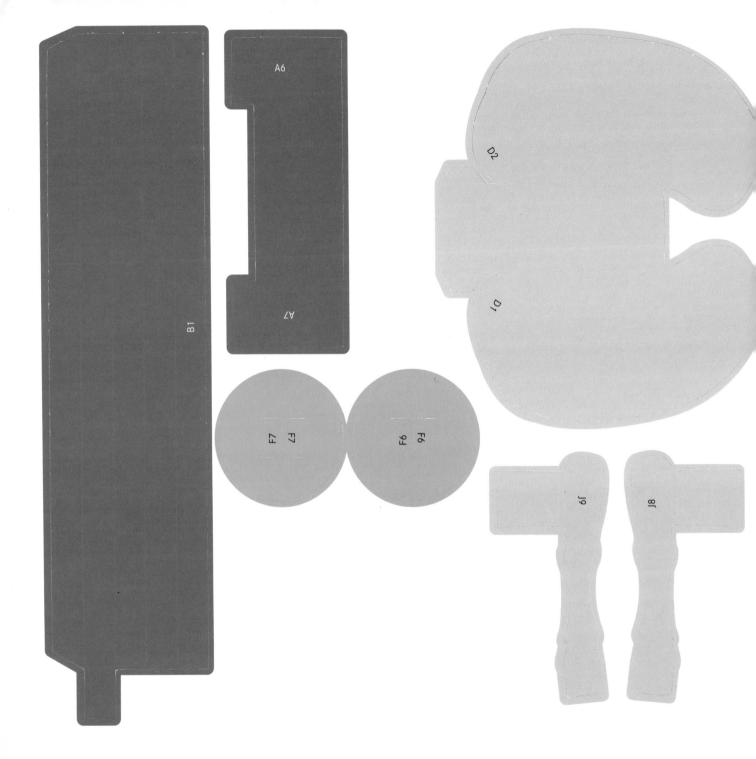

Gorilla

Anders als ein echter Gorilla ...

- frisst ein Papier-Gorilla nicht bis zu 30 kg pro Tag
- grunzt, brüllt und rülpst ein Papier-Gorilla nicht
- wird ein Papier-Gorilla nicht bis zu 2 m groß und wiegt auch keine 200 kg
- verlangt ein Papier-Gorilla nicht, dass du ihm abgestorbene Haut auszupfst

So bastelst du dir deinen eigenen Gorilla:

1 Klebe den Kopf zusammen (A1 bis A22).

2 Bastle die beiden Teile der Seitenverstärkung (B1 bis B6).

Körper

mittlere Schiebestange

3 Klebe die mittlere Schiebestange zusammen (B7) und befestige sie an der Seitenverstärkung (B8). Schiebe die linke Armstange durch das Loch im Gorillakörper und fixiere die Seitenverstärkung (B9).

4 Biege den Körper rund und schiebe die Armstange durch das zweite Loch im Körper (B10).

5 Klebe nun alle Laschen an (B11 bis B22).

45

6 Bastle jetzt die Arme (C1 bis C4) und klebe sie an Körper (C5, C6) und Brust (C7 bis C10). Fixiere dann die Schiebestangen an den Ellbogen (C11, C12).

7 Klebe die Lasche D3 an und schiebe den Gorilla mit der Frontseite nach vorne von oben durch das Loch in der Box. Nun kannst du die beiden Sockelteile auf die lila Sockelplatte kleben (E1 bis E4).

8 Befestige die Arme so an den Ellbogen, dass die Fäuste zur Brust zeigen (C13, C14). Bastle die Taille (C15) und klebe sie an (C16 bis C19). Klebe jetzt die mittlere Schiebestange auf den Sockel (C20, C21) und den Kopf auf den Körper (D1, D2).

9 Klebe die beiden Teile der Box zusammen (E5, E6) und befestige das Ober- und Unterteil (E7, E9 bzw. E10, E12). Fixiere nun die Seitenverstärkungen (E13 bis E16) und klebe die blaue Sockelplatte unten in die Box (E17).

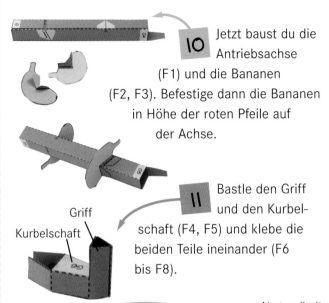

10 Jetzt baust du die Antriebsachse (F1) und die Bananen (F2, F3). Befestige dann die Bananen in Höhe der roten Pfeile auf der Achse.

11 Bastle den Griff und den Kurbelschaft (F4, F5) und klebe die beiden Teile ineinander (F6 bis F8).

Griff

Kurbelschaft

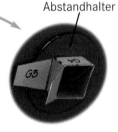

Abstandhalter

12 Stecke nun die Antriebsachse in die Box, klebe die Unterlegscheibe ein (G1, G2) und schiebe auf der anderen Seite den Abstandhalter wie gezeigt über die Antriebsachse.

13 Fixiere zuerst den Griff (G3 bis G6) und dann das Gras (G7 bis G9).

Das war's! Wenn du jetzt an der Kurbel drehst, schlägt sich dein Gorilla auf die Brust!

Gras

G10

Arm

C4
C11
C14
C3

Arm

C2
C12
C13
C1

Seitenverstärkung

Kurbelschaft

F6
G6
G3
F5

B8
← unten

Griff

F4
F8
F7
F6

Sockel

C21
E3
E4

Sockel

C20
E1
E2

Abstandhalter

G3
Aus-
lösen

Unterlegscheibe

G1
G2

Seitenverstärkung

B2
B3
B5
B6
B1
B4
B9

Diese Kante muss
plan mit dem Loch
im Gorillakörper
abschließen.

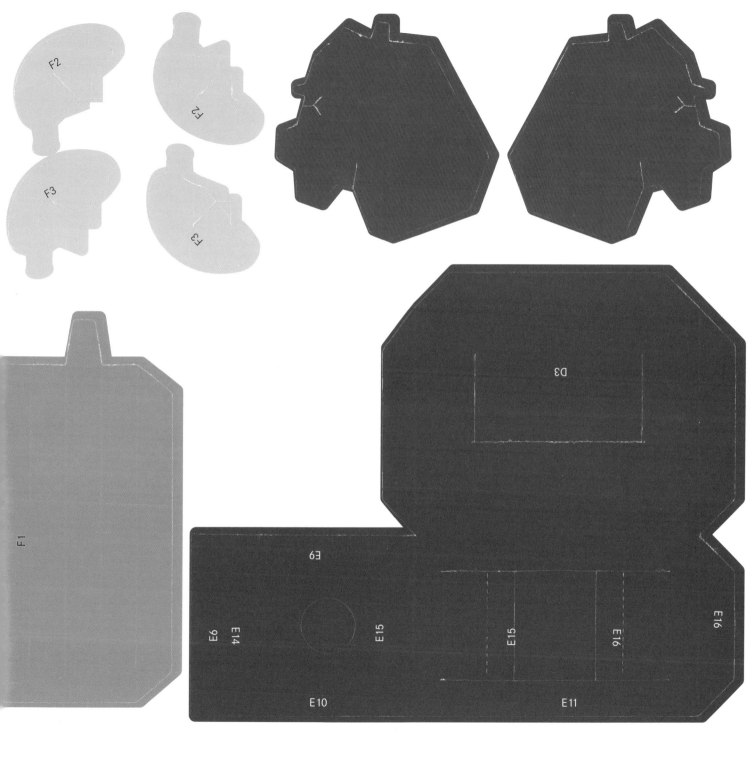

F2

F2

F3

F3

F1

D3

E9

E14
E9

E15

E15

E16

E16

E10

E11

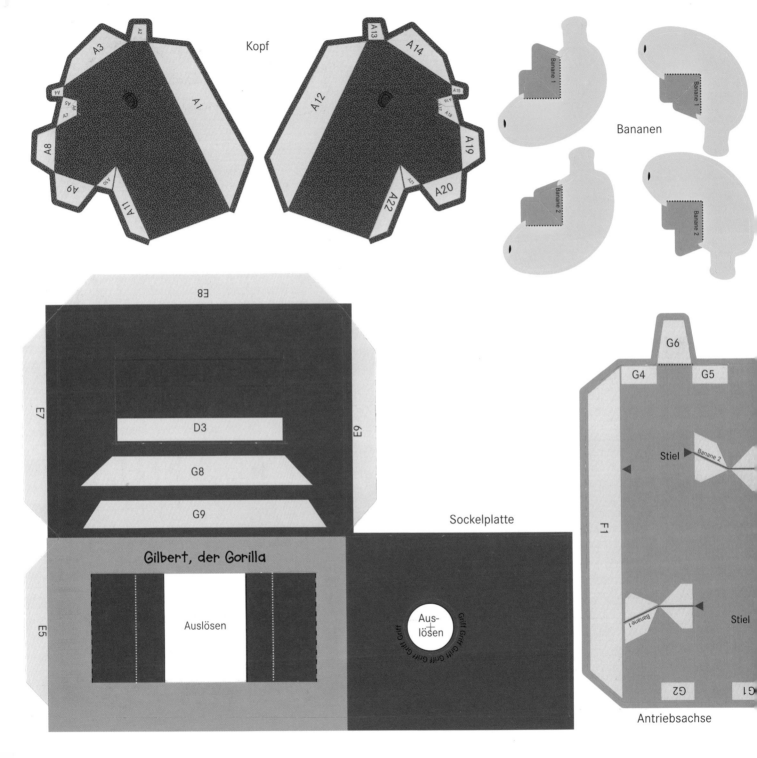

Kopf

Bananen

Sockelplatte

Gilbert, der Gorilla

Auslösen

Aus-
lösen

Antriebsachse

Stiel

Stiel

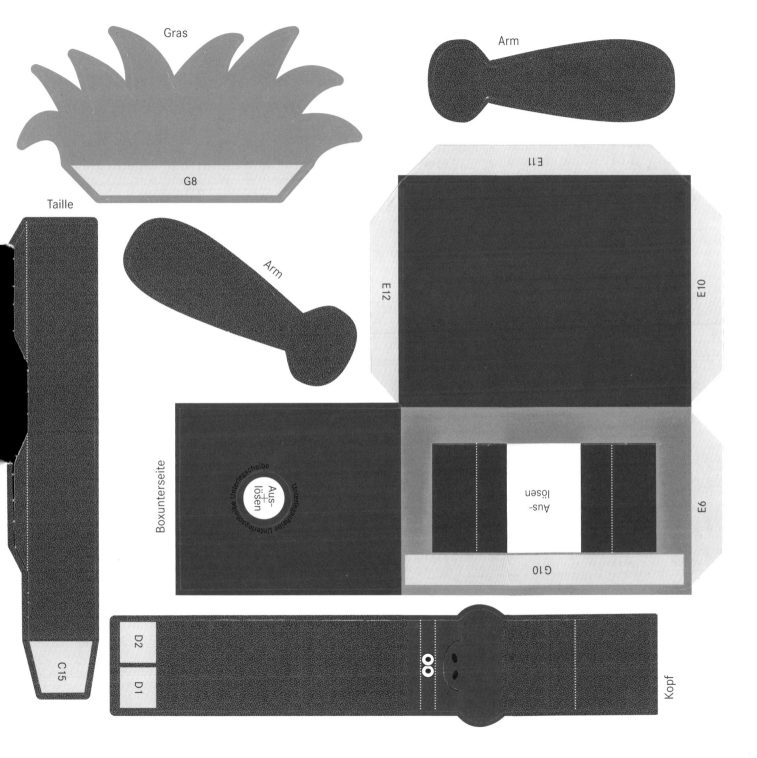

Gras

G8

Arm

Taille

E11

Arm

E12

E10

Boxunterseite

Aus-
lösen

Unterlegscheibe Unterlegscheibe

Aus-
lösen

E6

G10

C15

D2

D1

Kopf

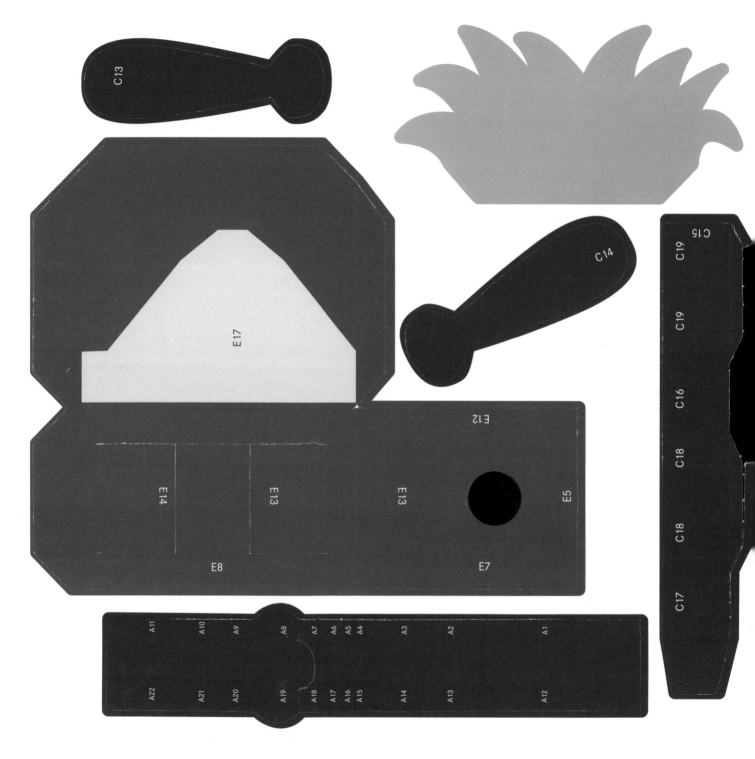

Sockelplatte

E2

E3

E1

E4

Diese Kante muss plan mit der Rückseite der Box abschließen.

Gras

G9

C11

Schiebestange linker Arm

mittlere Schiebestange mit Armstangen

B8

unten

oben

C20

C21

Schiebestange rechter Arm

C12

B7

Körper

B16

B15

B14

B13

C9

B12

C7

B11

B10

C10

C8

Aus-
lösen

Aus-
lösen

B17

B18

B19

B20

B21

B22

C17

C19

C19

C16

C18

C18

Hühner

Anders als ein echtes Huhn ...

- gackert ein Papier-Huhn nie laut und aufgeregt
- läuft ein Papier-Huhn nicht herum und schlägt wild mit den Flügeln
- frisst ein Papier-Huhn keine Kieselsteine, um das Futter besser zu verdauen
- hinterlässt ein Papier-Huhn nicht überall auf dem Teppich seine Köttel

So bastelst du dir deine eigenen Hühner:

Seitenverstärkungen

Innenverstärkung

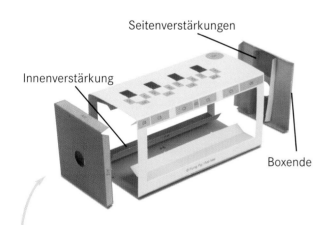

Boxende

Körperbox

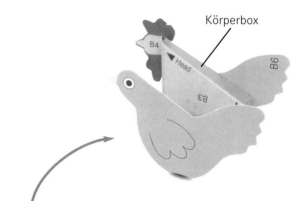

1 Knicke die Seitenverstärkungen um und klebe sie in die Boxenden (A1, A2). Füge die Box zusammen (A3, A4) und fixiere die Enden (A5 bis A12). Jetzt kannst du die Innenverstärkungen umklappen und einkleben (A13 bis A16).

2 Bastle nun die Box für den Körper (B1) und klebe die beiden Seiten so darauf, dass die Seiten plan mit der Oberseite der Körperbox abschließen (B2, B3). Dann befestigst du den Kamm (B4, B5) und klebst die beiden Schwanzhälften zusammen (B6). Das Gleiche machst du mit den anderen drei Hennen.

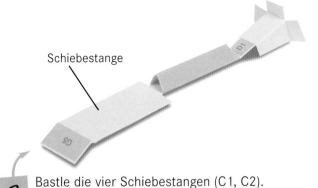

Schiebestange

3 Bastle die vier Schiebestangen (C1, C2). Die Laschen von C1 müssen nach unten, die von C2 nach oben gebogen sein.

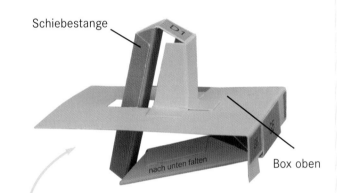

Schiebestange

nach unten falten

Box oben

4 Dann fädelst du je eine der Schiebestangen durch das Loch im Sockel. Klebe die Schiebestange vorne an der Box (C3) und die drei Laschen auf der Oberseite der Box fest (C4). Das Gleiche gilt für die anderen drei Schiebestangen. Hier klebst du dann die vier Hühner auf (D1).

Achsenscheibe

Achse

5 Falte und klebe die Achse zusammen (E1). Biege die Laschen auf den vier Achsenscheiben um. Knicke die Achsenscheiben in der Mitte und klebe sie zusammen (E2 bis E5). Dann befestigst du sie so auf der Achse, dass die Nummern der Achsenscheiben den Nummern auf der Achse entsprechen. Achte außerdem darauf, dass auch die Farben der Laschen zu den Farben auf der Achse passen.

6 Schiebe die Achse dann so ein, dass das rote Ende mit der roten Seitenverstärkung zusammentrifft. Jetzt baust du den Kurbelgriff (F1 bis F3). Klebe die Unterlegscheiben an (F4 bis F7) und befestige den Kurbelgriff (F8, F9).

7 Klebe die drei Kaktusteile zusammen (G1 bis G3) und fixiere das Ganze dann am entsprechenden Platz (G4). Zum Schluss befestigst du das Namensschild (G5).

Geschafft! Wenn du jetzt an der Kurbel drehst, werden deine Hühner picken!

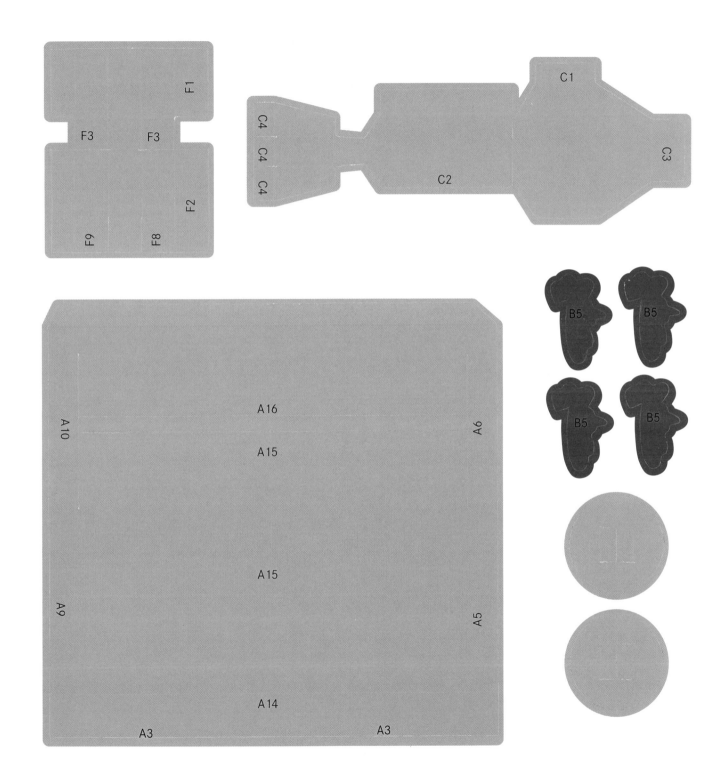

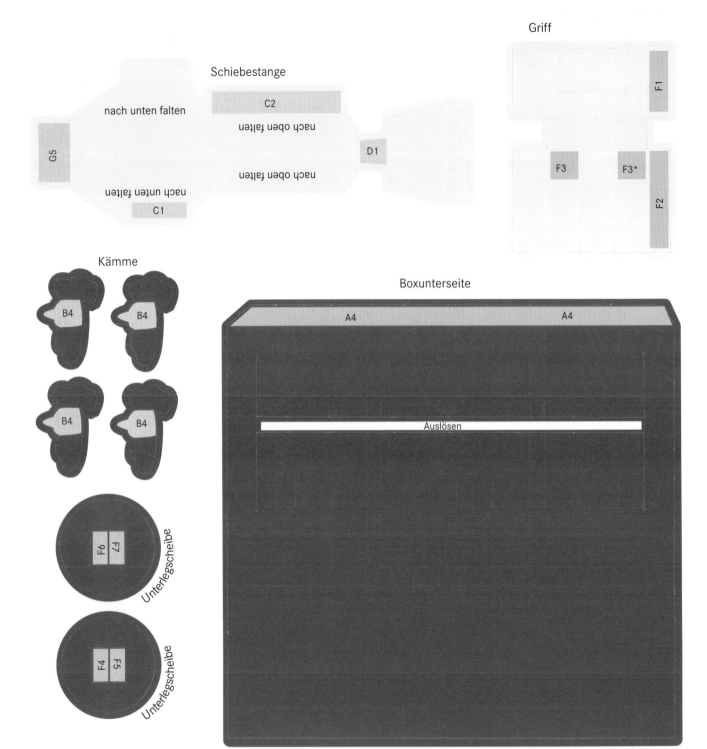

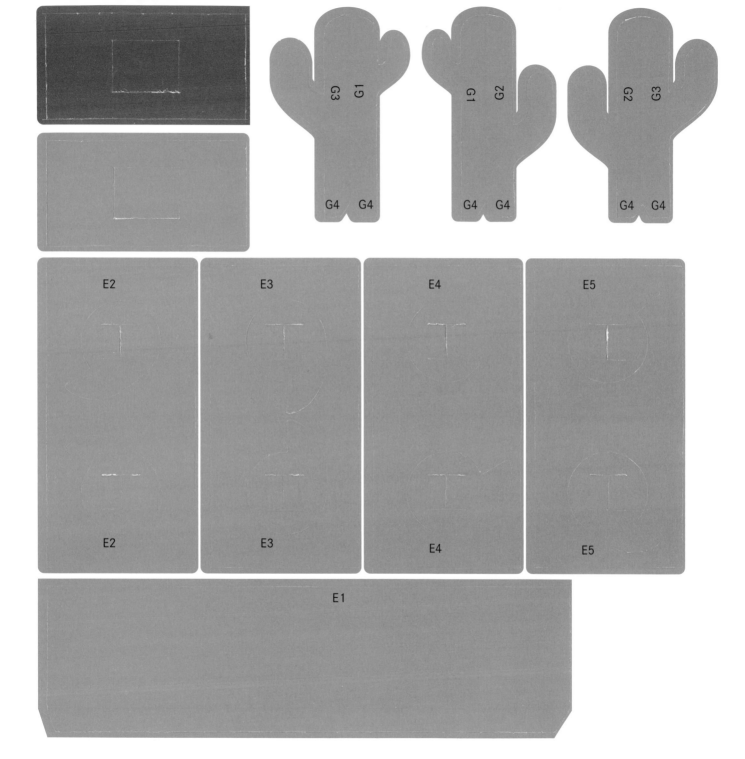

G3 G1

G1 G2

G2 G3

G4 G4

G4 G4

G4 G4

E2

E3

E4

E5

E2

E3

E4

E5

E1

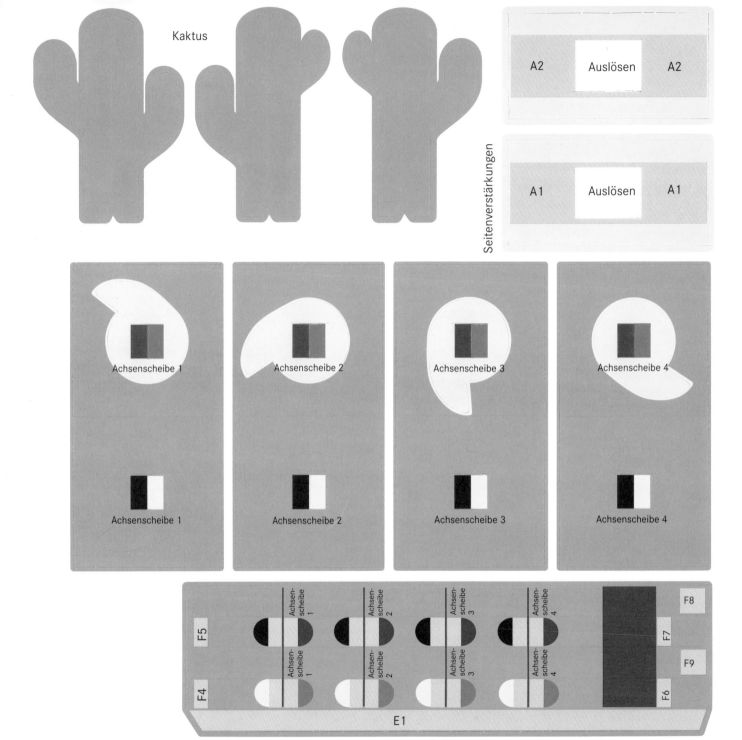

Kaktus

A2   Auslösen   A2

Seitenverstärkungen

A1   Auslösen   A1

Achsenscheibe 1

Achsenscheibe 2

Achsenscheibe 3

Achsenscheibe 4

Achsenscheibe 1

Achsenscheibe 2

Achsenscheibe 3

Achsenscheibe 4

F5

F4

Achsenscheibe 1

Achsenscheibe 1

Achsenscheibe 2

Achsenscheibe 2

Achsenscheibe 3

Achsenscheibe 3

Achsenscheibe 4

Achsenscheibe 4

F8

F7

F9

F6

E1

Achse

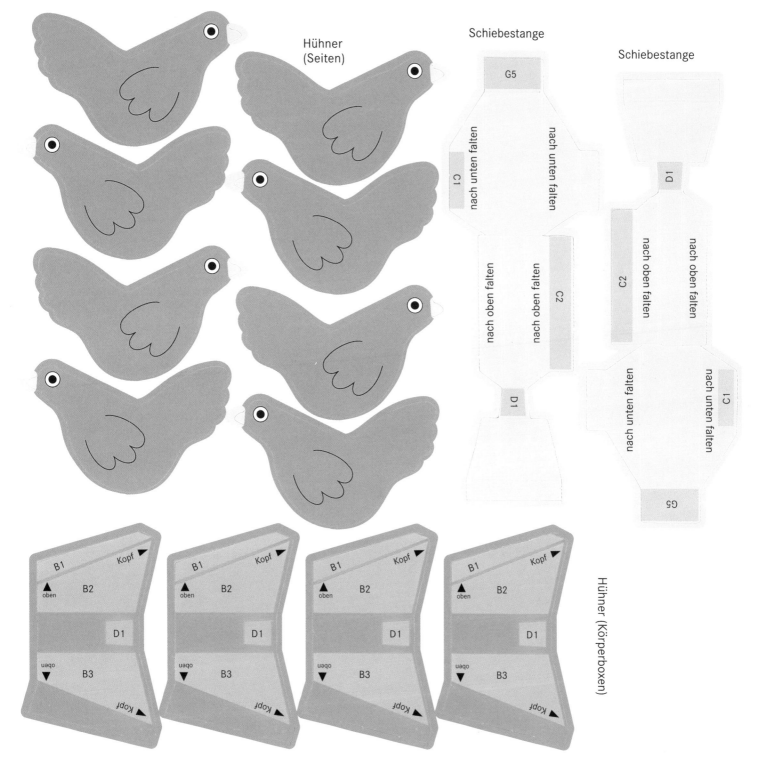

Hühner
(Seiten)

Schiebestange

Schiebestange

Hühner (Körperboxen)

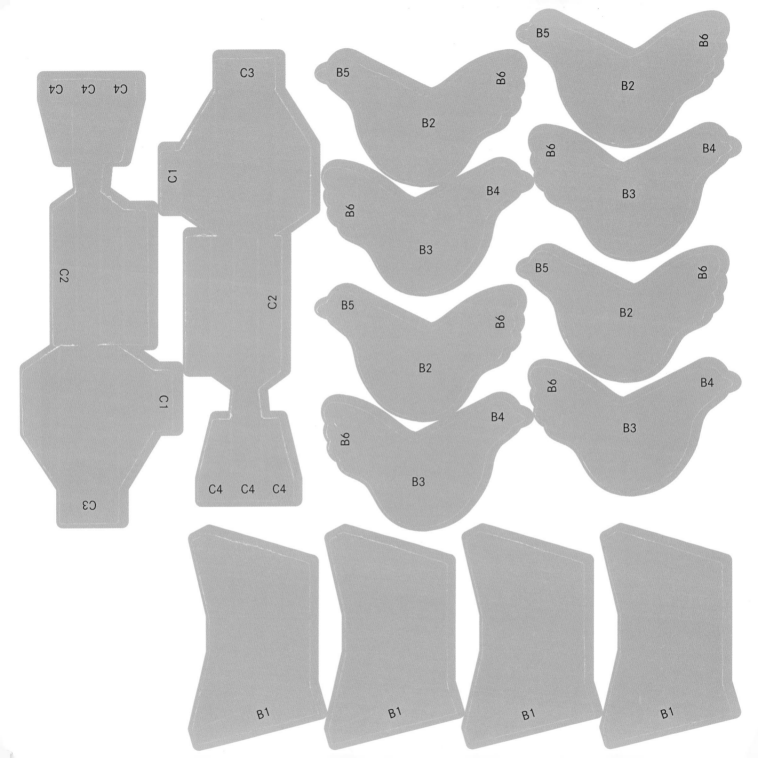

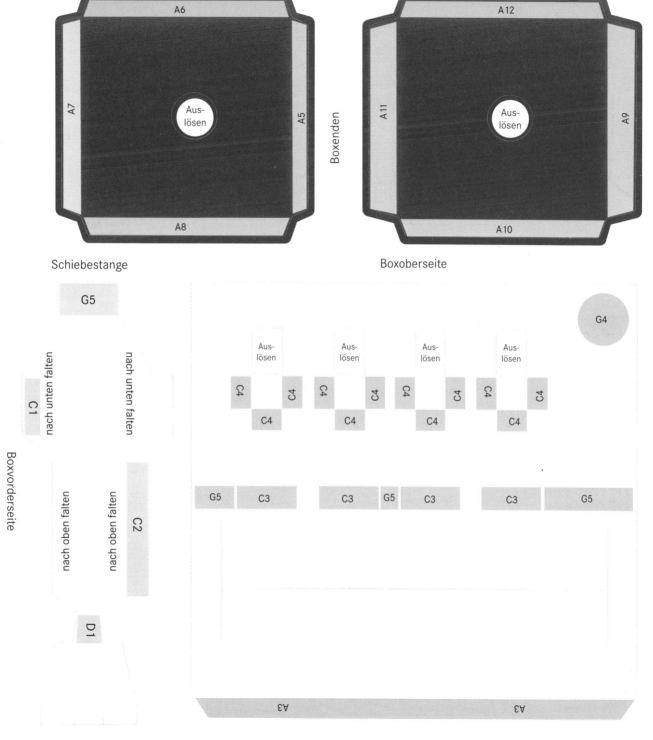

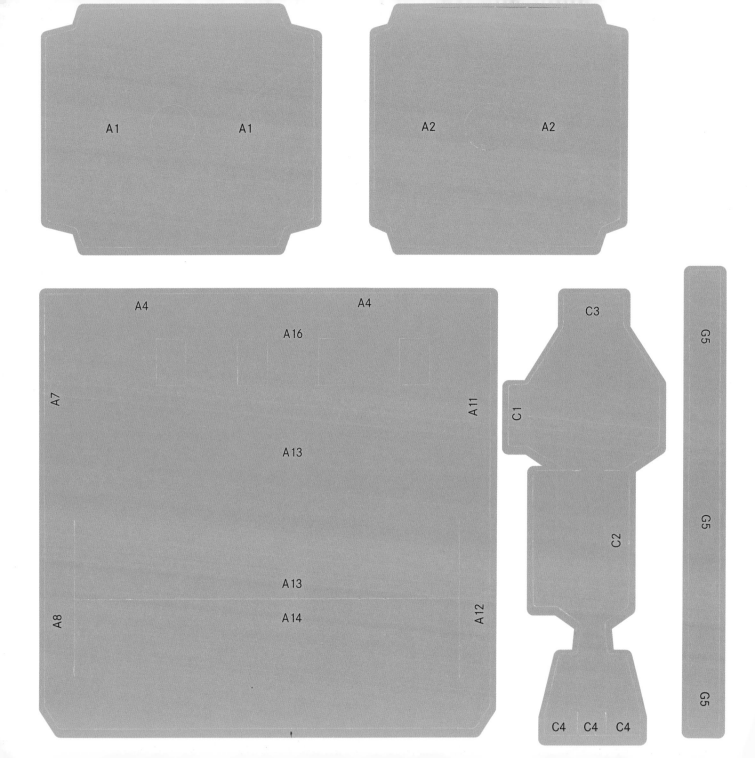